I0801136

Yon Liv Crabtree Rasin

DOKTÈ

DOUGLAS BENDER
JEAN-PIERRE GASTON

Moun Mwen Rankontre Yo

CRABTREE
Publishing Company
www.crabtreebooks.com

Sipò Lekòl A Kay Pou Moun Kap Bay Swen Ak Pwofesè Yo

Liv sa ede timoun yo grandi lespri yo nan kite yo pratike lekti. Men kèk kesyon kap ede lektè yo bati konpreyansyon konpetans yo. Epons posib yo parèt an wouj.

Anvan Lekti:

- De kisa mwen panse liv sa ap pale?
  - *Liv sa se sou doktè.*
  - *Liv sa se sou sa doktè fè nan travay la.*
- Kisa mwen vle aprann sou sijè sa?
  - *Mwen vle aprann kote yon doktè travay.*
  - *Mwen vle aprann kisa yon doktè fè.*

Pandan Lekti:

- Mwen mande poukisa...
  - *Mwen mande poukisa gen moun ki vin doktè.*
  - *Mwen mande poukisa gen doktè ki travay andeyò lopital yo.*
- Kisa mwen te aprann jiskaprezan?
  - *Mwen te aprann ke doktè ede moun lè yo santi yo malad.*
  - *Mwen te aprann ke gen doktè ki travay nan lopital.*

Aprè Lekti:

- Ki detay mwen te aprann sou sijè sa?
  - *Mwen te aprann ke doktè ka travay nan anpil kote diferan.*
  - *Mwen te aprann ke doktè ede moun ki malad oswa moun ki blese.*
- Li liv la ankò epi chèche mo vokabilè yo.
  - *Mwen wè mo **malad** nan paj 4 ak mo **lopital** nan paj 8. Lòt mo vokabilè yo wap jwenn nan paj 14.*

Sa se yon **doktè**.

Yon doktè ede moun lè yo **malad**.

Doktè sa ap bay yon **piki**.

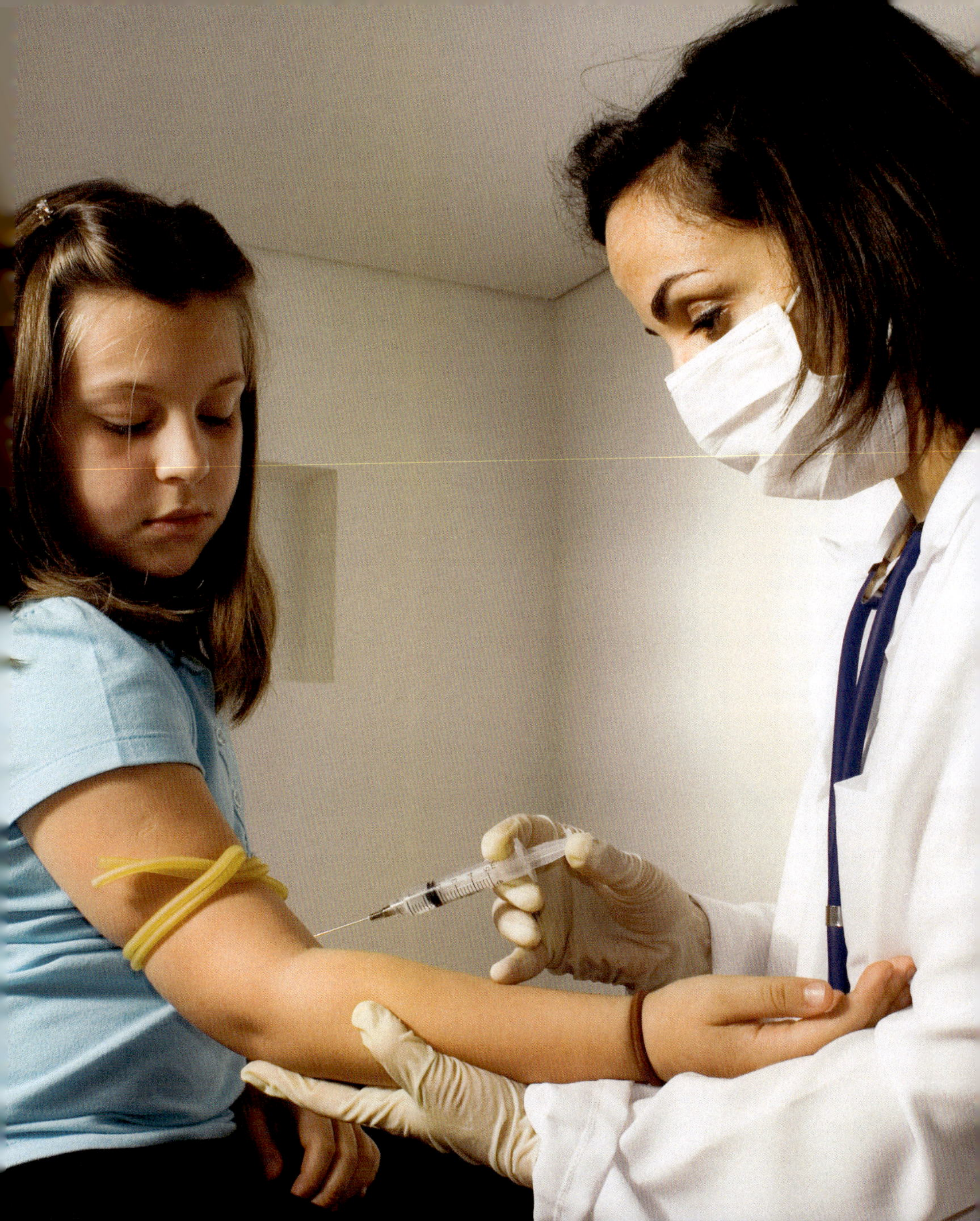

Doktè sa nan
yon **lopital**.

Tout doktè ka bay moun **medikaman**.

Eske ou konnen yon doktè?

Lis Pawòl

Mo timoun rekonèt lè yo fèk kòmanse li

moun	sa	yon
nan	se	
ou	yo	

Mo pouw Konnen

doktè

lopital

malad

medikaman

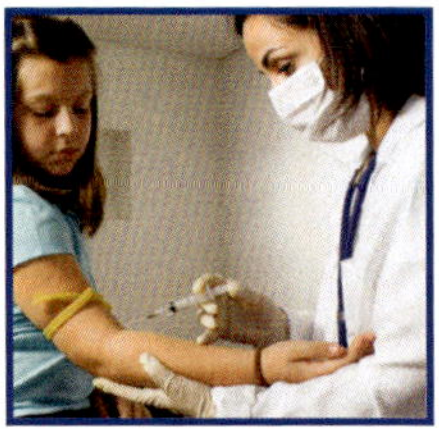

piki

33 mo

Sa se yon **doktè**.

Yon doktè ede moun lè yo **malad**.

Doktè sa ap bay yon **piki**.

Doktè sa nan yon **lopital**.

Tout doktè ka bay moun **medikaman**.

Eske ou konnen yon doktè?

Moun Mwen Rankontre Yo

DOKTÈ

CRABTREE
Publishing Company

Ekri pa: Douglas Bender
Ki fèt pa: Rhea Wallace
Devlopman Seri a pa: James Earley
Korektè: Janine Deschenes
Konsiltan Edikasyon: Marie Lemke M.Ed.
Tradui pa: Jean-Pierre Gaston

Photographs:
Shutterstock: Monkey Business Images: cover, p. 1, 3, 14; Syda Productions: p. 5, 14; Orange Line Media: p. 7, 14; Gorodenkoff: p. 8-9, 14; wavebreakmedia: p. 11, 14; Lightfieldstudio: p. 13

Crabtree Publishing Company

www.crabtreebooks.com 1-800-387-7650

Copyright © 2022 **CRABTREE PUBLISHING COMPANY**

All rights reserved. No part of this publication may be reproduced, stored in a retrieval system or be transmitted in any form or by any means, electronic, mechanical, photocopying, recording, or otherwise, without the prior written permission of Crabtree Publishing Company. In Canada: We acknowledge the financial support of the Government of Canada through the Canada Book Fund for our publishing activities.

Published in the United States
Crabtree Publishing
347 Fifth Avenue
Suite 1402-145
New York, NY, 10016

Published in Canada
Crabtree Publishing
616 Welland Ave.
St. Catharines, Ontario
L2M 5V6

Printed in Canada/102021/CPC